全国人民代表大会常务委员会公报版

中华人民共和国全国人民代表大会和地方各级人民代表大会选举法

(最新修正本)

中国民主法制出版社

图书在版编目（CIP）数据

中华人民共和国全国人民代表大会和地方各级人民代表大会选举法：最新修正本/全国人大常委会办公厅供稿．—北京：中国民主法制出版社，2020.10
ISBN 978-7-5162-2294-2

Ⅰ.①中… Ⅱ.①全… Ⅲ.①全国人民代表大会选举法—中国②地方各级人民代表大会选举法—中国 Ⅳ.①D921.2

中国版本图书馆 CIP 数据核字（2020）第 209736 号

书名/中华人民共和国全国人民代表大会和地方各级人民代表大会选举法

出版·发行/中国民主法制出版社
地址/北京市丰台区右安门外玉林里 7 号（100069）
电话/（010）63055259（总编室） 63058068 63057714（营销中心）
传真/（010）63055259
http：//www.npcpub.com
E-mail：mzfz@npcpub.com
经销/新华书店
开本/32 开 850 毫米×1168 毫米
印张/1.375 **字数**/21 千字
版本/2020 年 11 月第 1 版 2020 年 12 月第 3 次印刷
印刷/北京天宇万达印刷有限公司

书号/ISBN 978-7-5162-2294-2
定价/8.00 元
出版声明/版权所有，侵权必究。

（如有缺页或倒装，本社负责退换）

目 录

中华人民共和国主席令（第六十一号） ………… （1）

全国人民代表大会常务委员会关于修改
　《中华人民共和国全国人民代表大会
　和地方各级人民代表大会选举法》的决定 …… （3）

中华人民共和国全国人民代表大会和
　地方各级人民代表大会选举法 ……………… （5）

关于《中华人民共和国全国人民代表大会
　和地方各级人民代表大会选举法
　（修正草案）》的说明 …………………… （28）

全国人民代表大会宪法和法律委员会关于
　《中华人民共和国全国人民代表大会
　和地方各级人民代表大会选举法（修正
　草案）》审议结果的报告 ………………… （35）

中华人民共和国主席令

第六十一号

《全国人民代表大会常务委员会关于修改〈中华人民共和国全国人民代表大会和地方各级人民代表大会选举法〉的决定》已由中华人民共和国第十三届全国人民代表大会常务委员会第二十二次会议于 2020 年 10 月 17 日通过，现予公布，自 2020 年 10 月 18 日起施行。

中华人民共和国主席　习近平
2020 年 10 月 17 日

全国人民代表大会常务委员会关于修改《中华人民共和国全国人民代表大会和地方各级人民代表大会选举法》的决定

(2020年10月17日第十三届全国人民代表大会常务委员会第二十二次会议通过)

第十三届全国人民代表大会常务委员会第二十二次会议决定对《中华人民共和国全国人民代表大会和地方各级人民代表大会选举法》作如下修改：

一、增加一条，作为第二条："全国人民代表大会和地方各级人民代表大会代表的选举工作，坚持中国共产党的领导，坚持充分发扬民主，坚持严格依法办事。"

二、将第十一条改为第十二条，第一款第三项修改为："（三）不设区的市、市辖区、县、自治县的代表名额基数为一百四十名，每五千人可以增加一名代表；人口超过一百五十五万的，代表总名额不得超过四百五十名；人口不足五万的，代表总名额可以少于一百四十名"。

第一款第四项修改为："（四）乡、民族乡、镇的代表名额基数为四十五名，每一千五百人可以增加一名代表；但是，代表总名额不得超过一百六十名；人口不足二千的，代表总名额可以少于四十五名。"

三、将第十三条改为第十四条，增加一款，作为第二款："依照前款规定重新确定代表名额的，省、自治区、直辖市的人民代表大会常务委员会应当在三十日内将重新确定代表名额的情况报全国人民代表大会常务委员会备案。"

四、将第五十七条改为第五十八条，第二款修改为："国家工作人员有前款所列行为的，还应当由监察机关给予政务处分或者由所在机关、单位给予处分。"

不设区的市、市辖区、县、自治县、乡、民族乡、镇的人民代表大会的代表名额根据本决定重新确定。

本决定自2020年10月18日起施行。

《中华人民共和国全国人民代表大会和地方各级人民代表大会选举法》根据本决定作相应修改，并对条文顺序作相应调整，重新公布。

中华人民共和国全国人民代表大会和地方各级人民代表大会选举法

（1979年7月1日第五届全国人民代表大会第二次会议通过 根据1982年12月10日第五届全国人民代表大会第五次会议《关于修改〈中华人民共和国全国人民代表大会和地方各级人民代表大会选举法〉的若干规定的决议》第一次修正 根据1986年12月2日第六届全国人民代表大会常务委员会第十八次会议《关于修改〈中华人民共和国全国人民代表大会和地方各级人民代表大会选举法〉的决定》第二次修正 根据1995年2月28日第八届全国人民代表大会常务委员会第十二次会议《关于修改〈中华人民共和国全国人民代表大会和

地方各级人民代表大会选举法〉的决定》第三次修正　根据2004年10月27日第十届全国人民代表大会常务委员会第十二次会议《关于修改〈中华人民共和国全国人民代表大会和地方各级人民代表大会选举法〉的决定》第四次修正　根据2010年3月14日第十一届全国人民代表大会第三次会议《关于修改〈中华人民共和国全国人民代表大会和地方各级人民代表大会选举法〉的决定》第五次修正　根据2015年8月29日第十二届全国人民代表大会常务委员会第十六次会议《关于修改〈中华人民共和国地方各级人民代表大会和地方各级人民政府组织法〉、〈中华人民共和国全国人民代表大会和地方各级人民代表大会选举法〉、〈中华人民共和国全国人民代表大会和地方各级人民代表大会代表法〉的决定》第六次修正　根据2020年10月17日第十三届全国人民代表大会常务委员会第二十二次会议《关于修改〈中华人民共和国全国人民代表大会和地方各级人民代表大会选举法〉的决定》第七次修正）

目 录

第一章 总　　则

第二章 选举机构

第三章 地方各级人民代表大会代表名额

第四章 全国人民代表大会代表名额

第五章 各少数民族的选举

第六章 选区划分

第七章 选民登记

第八章 代表候选人的提出

第九章 选举程序

第十章 对代表的监督和罢免、辞职、补选

第十一章 对破坏选举的制裁

第十二章 附　　则

第一章 总　　则

第一条 根据中华人民共和国宪法，制定全国人民代表大会和地方各级人民代表大会选举法。

第二条 全国人民代表大会和地方各级人民代表大会代表的选举工作，坚持中国共产党的领导，坚持充分发扬民主，坚持严格依法办事。

第三条 全国人民代表大会的代表，省、自治区、直辖市、设区的市、自治州的人民代表大会的代表，由下一级人民代表大会选举。

不设区的市、市辖区、县、自治县、乡、民族乡、镇的人民代表大会的代表,由选民直接选举。

第四条 中华人民共和国年满十八周岁的公民,不分民族、种族、性别、职业、家庭出身、宗教信仰、教育程度、财产状况和居住期限,都有选举权和被选举权。

依照法律被剥夺政治权利的人没有选举权和被选举权。

第五条 每一选民在一次选举中只有一个投票权。

第六条 人民解放军单独进行选举,选举办法另订。

第七条 全国人民代表大会和地方各级人民代表大会的代表应当具有广泛的代表性,应当有适当数量的基层代表,特别是工人、农民和知识分子代表;应当有适当数量的妇女代表,并逐步提高妇女代表的比例。

全国人民代表大会和归侨人数较多地区的地方人民代表大会,应当有适当名额的归侨代表。

旅居国外的中华人民共和国公民在县级以下人民代表大会代表选举期间在国内的,可以参加原籍地或者出国前居住地的选举。

第八条 全国人民代表大会和地方各级人民代表大会的选举经费,列入财政预算,由国库开支。

第二章 选举机构

第九条 全国人民代表大会常务委员会主持全国人民代表大会代表的选举。省、自治区、直辖市、设区的市、自治州的人民代表大会常务委员会主持本级人民代表大会代表的选举。

不设区的市、市辖区、县、自治县、乡、民族乡、镇设立选举委员会，主持本级人民代表大会代表的选举。不设区的市、市辖区、县、自治县的选举委员会受本级人民代表大会常务委员会的领导。乡、民族乡、镇的选举委员会受不设区的市、市辖区、县、自治县的人民代表大会常务委员会的领导。

省、自治区、直辖市、设区的市、自治州的人民代表大会常务委员会指导本行政区域内县级以下人民代表大会代表的选举工作。

第十条 不设区的市、市辖区、县、自治县的选举委员会的组成人员由本级人民代表大会常务委员会任命。乡、民族乡、镇的选举委员会的组成人员由不设区的市、市辖区、县、自治县的人民代表大会常务委员会任命。

选举委员会的组成人员为代表候选人的，应当辞去选举委员会的职务。

第十一条 选举委员会履行下列职责：

（一）划分选举本级人民代表大会代表的选区，分配各选区应选代表的名额；

（二）进行选民登记，审查选民资格，公布选民名单；受理对于选民名单不同意见的申诉，并作出决定；

（三）确定选举日期；

（四）了解核实并组织介绍代表候选人的情况；根据较多数选民的意见，确定和公布正式代表候选人名单；

（五）主持投票选举；

（六）确定选举结果是否有效，公布当选代表名单；

（七）法律规定的其他职责。

选举委员会应当及时公布选举信息。

第三章　地方各级人民代表大会代表名额

第十二条　地方各级人民代表大会的代表名额，按照下列规定确定：

（一）省、自治区、直辖市的代表名额基数为三百五十名，省、自治区每十五万人可以增加一名代表，直辖市每二万五千人可以增加一名代表；但是，代表总名额不得超过一千名；

（二）设区的市、自治州的代表名额基数为二百四十名，每二万五千人可以增加一名代表；人口超过一千万的，代表总名额不得超过六百五十名；

（三）不设区的市、市辖区、县、自治县的代表名额基数为一百四十名，每五千人可以增加一名代表；人口超过一百五十五万的，代表总名额不得超过四百五十名；人口不足五万的，代表总名额可以少于一百四十名；

（四）乡、民族乡、镇的代表名额基数为四十五名，每一千五百人可以增加一名代表；但是，代表总名额不得超过一百六十名；人口不足二千的，代表总名额可以少于四十五名。

按照前款规定的地方各级人民代表大会的代表名额基数与按人口数增加的代表数相加，即为地方各级人民代表大会的代表总名额。

自治区、聚居的少数民族多的省，经全国人民代表大会常务委员会决定，代表名额可以另加百分之五。聚居的少数民族多或者人口居住分散的县、自治县、乡、民族乡，经省、自治区、直辖市的人民代表大会常务委员会决定，代表名额可以另加百分之五。

第十三条 省、自治区、直辖市的人民代表大会代表的具体名额，由全国人民代表大会常务委员会依照本法确定。设区的市、自治州和县级的人民代表大会代表的具体名额，由省、自治区、直辖市的人民代表大会常务委员会依照本法确定，报全国人民代表大会常务委员会备案。乡级的人民代表大会代表的具体名额，由县级的人民代表大会常务委员会依照本法确定，报上一级人民代表大会常务委员会备案。

第十四条　地方各级人民代表大会的代表总名额经确定后，不再变动。如果由于行政区划变动或者由于重大工程建设等原因造成人口较大变动的，该级人民代表大会的代表总名额依照本法的规定重新确定。

依照前款规定重新确定代表名额的，省、自治区、直辖市的人民代表大会常务委员会应当在三十日内将重新确定代表名额的情况报全国人民代表大会常务委员会备案。

第十五条　地方各级人民代表大会代表名额，由本级人民代表大会常务委员会或者本级选举委员会根据本行政区域所辖的下一级各行政区域或者各选区的人口数，按照每一代表所代表的城乡人口数相同的原则，以及保证各地区、各民族、各方面都有适当数量代表的要求进行分配。在县、自治县的人民代表大会中，人口特少的乡、民族乡、镇，至少应有代表一人。

地方各级人民代表大会代表名额的分配办法，由省、自治区、直辖市人民代表大会常务委员会参照全国人民代表大会代表名额分配的办法，结合本地区的具体情况规定。

第四章　全国人民代表大会代表名额

第十六条　全国人民代表大会的代表，由省、自治区、直辖市的人民代表大会和人民解放军选举产生。

全国人民代表大会代表的名额不超过三千人。

香港特别行政区、澳门特别行政区应选全国人民代表大会代表的名额和代表产生办法，由全国人民代表大会另行规定。

第十七条　全国人民代表大会代表名额，由全国人民代表大会常务委员会根据各省、自治区、直辖市的人口数，按照每一代表所代表的城乡人口数相同的原则，以及保证各地区、各民族、各方面都有适当数量代表的要求进行分配。

省、自治区、直辖市应选全国人民代表大会代表名额，由根据人口数计算确定的名额数、相同的地区基本名额数和其他应选名额数构成。

全国人民代表大会代表名额的具体分配，由全国人民代表大会常务委员会决定。

第十八条　全国少数民族应选全国人民代表大会代表，由全国人民代表大会常务委员会参照各少数民族的人口数和分布等情况，分配给各省、自治区、直辖市的人民代表大会选出。人口特少的民族，至少应有代表一人。

第五章　各少数民族的选举

第十九条　有少数民族聚居的地方，每一聚居的少数民族都应有代表参加当地的人民代表大会。

聚居境内同一少数民族的总人口数占境内总人口数百分之三十以上的，每一代表所代表的人口数应相当于当地人民代表大会每一代表所代表的人口数。

聚居境内同一少数民族的总人口数不足境内总人口数百分之十五的，每一代表所代表的人口数可以适当少于当地人民代表大会每一代表所代表的人口数，但不得少于二分之一；实行区域自治的民族人口特少的自治县，经省、自治区的人民代表大会常务委员会决定，可以少于二分之一。人口特少的其他聚居民族，至少应有代表一人。

聚居境内同一少数民族的总人口数占境内总人口数百分之十五以上、不足百分之三十的，每一代表所代表的人口数，可以适当少于当地人民代表大会每一代表所代表的人口数，但分配给该少数民族的应选代表名额不得超过代表总名额的百分之三十。

第二十条　自治区、自治州、自治县和有少数民族聚居的乡、民族乡、镇的人民代表大会，对于聚居在境内的其他少数民族和汉族代表的选举，适用本法第十九条的规定。

第二十一条　散居的少数民族应选当地人民代表大会的代表，每一代表所代表的人口数可以少于当地人民代表大会每一代表所代表的人口数。

自治区、自治州、自治县和有少数民族聚居的乡、民族乡、镇的人民代表大会，对于散居的其他少数民族和汉族代表的选举,适用前款的规定。

第二十二条　有少数民族聚居的不设区的市、市辖区、县、乡、民族乡、镇的人民代表大会代表的产生,按照当地的民族关系和居住状况,各少数民族选民可以单独选举或者联合选举。

自治县和有少数民族聚居的乡、民族乡、镇的人民代表大会,对于居住在境内的其他少数民族和汉族代表的选举办法,适用前款的规定。

第二十三条　自治区、自治州、自治县制定或者公布的选举文件、选民名单、选民证、代表候选人名单、代表当选证书和选举委员会的印章等,都应当同时使用当地通用的民族文字。

第二十四条　少数民族选举的其他事项,参照本法有关各条的规定办理。

第六章　选区划分

第二十五条　不设区的市、市辖区、县、自治县、乡、民族乡、镇的人民代表大会的代表名额分配到选区,按选区进行选举。选区可以按居住状况划分,也可以按生产单位、事业单位、工作单位划分。

选区的大小,按照每一选区选一名至三名代表划分。

第二十六条　本行政区域内各选区每一代表所代表的人口数应当大体相等。

第七章　选民登记

第二十七条　选民登记按选区进行，经登记确认的选民资格长期有效。每次选举前对上次选民登记以后新满十八周岁的、被剥夺政治权利期满后恢复政治权利的选民，予以登记。对选民经登记后迁出原选区的，列入新迁入的选区的选民名单；对死亡的和依照法律被剥夺政治权利的人，从选民名单上除名。

精神病患者不能行使选举权利的，经选举委员会确认，不列入选民名单。

第二十八条　选民名单应在选举日的二十日以前公布，实行凭选民证参加投票选举的，并应当发给选民证。

第二十九条　对于公布的选民名单有不同意见的，可以在选民名单公布之日起五日内向选举委员会提出申诉。选举委员会对申诉意见，应在三日内作出处理决定。申诉人如果对处理决定不服，可以在选举日的五日以前向人民法院起诉，人民法院应在选举日以前作出判决。人民法院的判决为最后决定。

第八章　代表候选人的提出

第三十条　全国和地方各级人民代表大会的代表候

选人,按选区或者选举单位提名产生。

各政党、各人民团体,可以联合或者单独推荐代表候选人。选民或者代表,十人以上联名,也可以推荐代表候选人。推荐者应向选举委员会或者大会主席团介绍代表候选人的情况。接受推荐的代表候选人应当向选举委员会或者大会主席团如实提供个人身份、简历等基本情况。提供的基本情况不实的,选举委员会或者大会主席团应当向选民或者代表通报。

各政党、各人民团体联合或者单独推荐的代表候选人的人数,每一选民或者代表参加联名推荐的代表候选人的人数,均不得超过本选区或者选举单位应选代表的名额。

第三十一条 全国和地方各级人民代表大会代表实行差额选举,代表候选人的人数应多于应选代表的名额。

由选民直接选举人民代表大会代表的,代表候选人的人数应多于应选代表名额三分之一至一倍;由县级以上的地方各级人民代表大会选举上一级人民代表大会代表的,代表候选人的人数应多于应选代表名额五分之一至二分之一。

第三十二条 由选民直接选举人民代表大会代表的,代表候选人由各选区选民和各政党、各人民团体提名推荐。选举委员会汇总后,将代表候选人名单及代表候选人的基本情况在选举日的十五日以前公布,并交各该选区的选民小组讨论、协商，确定正式代表候选人名单。如果所提代表候选人的人数超过本法第三十一条规定的最高差额比例，由选举委员会交各该选区的选民小组讨论、协商，根据较多数选民的意见，确定正式代表候选人名单；对正式代表候选人不能形成较为一致意见的，进行预选，根据预选时得票多少的顺序，确定正式代表候选人名单。正式代表候选人名单及代表候选人的基本情况应当在选举日的七日以前公布。

县级以上的地方各级人民代表大会在选举上一级人民代表大会代表时，提名、酝酿代表候选人的时间不得少于两天。各该级人民代表大会主席团将依法提出的代表候选人名单及代表候选人的基本情况印发全体代表，由全体代表酝酿、讨论。如果所提代表候选人的人数符合本法第三十一条规定的差额比例，直接进行投票选举。如果所提代表候选人的人数超过本法第三十一条规定的最高差额比例，进行预选，根据预选时得票多少的顺序，按照本级人民代表大会的选举办法根据本法确定的具体差额比例，确定正式代表候选人名单，进行投票选举。

第三十三条 县级以上的地方各级人民代表大会在选举上一级人民代表大会代表时，代表候选人不限于各该级人民代表大会的代表。

第三十四条 选举委员会或者人民代表大会主席团应当向选民或者代表介绍代表候选人的情况。推荐代表候选人的政党、人民团体和选民、代表可以在选民小组或者代表小组会议上介绍所推荐的代表候选人的情况。选举委员会根据选民的要求，应当组织代表候选人与选民见面，由代表候选人介绍本人的情况，回答选民的问题。但是，在选举日必须停止代表候选人的介绍。

第三十五条　公民参加各级人民代表大会代表的选举，不得直接或者间接接受境外机构、组织、个人提供的与选举有关的任何形式的资助。

违反前款规定的，不列入代表候选人名单；已经列入代表候选人名单的，从名单中除名；已经当选的，其当选无效。

第九章　选举程序

第三十六条　全国人民代表大会和地方各级人民代表大会代表的选举，应当严格依照法定程序进行，并接受监督。任何组织或者个人都不得以任何方式干预选民或者代表自由行使选举权。

第三十七条　在选民直接选举人民代表大会代表时，选民根据选举委员会的规定，凭身份证或者选民证领取选票。

第三十八条　选举委员会应当根据各选区选民分布状况，按照方便选民投票的原则设立投票站，进行选举。选民居住比较集中的，可以召开选举大会，进行选举；因患有疾病等原因行动不便或者居住分散并且交通不便的选民，可以在流动票箱投票。

第三十九条　县级以上的地方各级人民代表大会在选举上一级人民代表大会代表时，由各该级人民代表大会主席团主持。

第四十条　全国和地方各级人民代表大会代表的选举，一律采用无记名投票的方法。选举时应当设有秘密写票处。

选民如果是文盲或者因残疾不能写选票的，可以委托他信任的人代写。

第四十一条　选举人对于代表候选人可以投赞成票，可以投反对票，可以另选其他任何选民，也可以弃权。

第四十二条　选民如果在选举期间外出，经选举委员会同意，可以书面委托其他选民代为投票。每一选民接受的委托不得超过三人，并应当按照委托人的意愿代为投票。

第四十三条　投票结束后，由选民或者代表推选的监票、计票人员和选举委员会或者人民代表大会主席团的人员将投票人数和票数加以核对，作出记录，并由监票人签字。

代表候选人的近亲属不得担任监票人、计票人。

第四十四条　每次选举所投的票数，多于投票人数的无效，等于或者少于投票人数的有效。

每一选票所选的人数，多于规定应选代表人数的作废，等于或者少于规定应选代表人数的有效。

第四十五条 在选民直接选举人民代表大会代表时，选区全体选民的过半数参加投票，选举有效。代表候选人获得参加投票的选民过半数的选票时，始得当选。

县级以上的地方各级人民代表大会在选举上一级人民代表大会代表时，代表候选人获得全体代表过半数的选票时，始得当选。

获得过半数选票的代表候选人的人数超过应选代表名额时，以得票多的当选。如遇票数相等不能确定当选人时，应当就票数相等的候选人再次投票，以得票多的当选。

获得过半数选票的当选代表的人数少于应选代表的名额时，不足的名额另行选举。另行选举时，根据在第一次投票时得票多少的顺序，按照本法第三十一条规定的差额比例，确定候选人名单。如果只选一人，候选人应为二人。

依照前款规定另行选举县级和乡级的人民代表大会代表时，代表候选人以得票多的当选，但是得票数不得少于选票的三分之一；县级以上的地方各级人民代表大会在另行选举上一级人民代表大会代表时，代表候选人获得全体代表过半数的选票，始得当选。

第四十六条 选举结果由选举委员会或者人民代表

大会主席团根据本法确定是否有效,并予以宣布。

当选代表名单由选举委员会或者人民代表大会主席团予以公布。

第四十七条　代表资格审查委员会依法对当选代表是否符合宪法、法律规定的代表的基本条件,选举是否符合法律规定的程序,以及是否存在破坏选举和其他当选无效的违法行为进行审查,提出代表当选是否有效的意见,向本级人民代表大会常务委员会或者乡、民族乡、镇的人民代表大会主席团报告。

县级以上的各级人民代表大会常务委员会或者乡、民族乡、镇的人民代表大会主席团根据代表资格审查委员会提出的报告,确认代表的资格或者确定代表的当选无效,在每届人民代表大会第一次会议前公布代表名单。

第四十八条　公民不得同时担任两个以上无隶属关系的行政区域的人民代表大会代表。

第十章　对代表的监督和罢免、辞职、补选

第四十九条　全国和地方各级人民代表大会的代表,受选民和原选举单位的监督。选民或者选举单位都有权罢免自己选出的代表。

第五十条　对于县级的人民代表大会代表,原选区选民五十人以上联名,对于乡级的人民代表大会代表,

第 51 条　　　　　对代表的监督和罢免、辞职、补选

原选区选民三十人以上联名，可以向县级的人民代表大会常务委员会书面提出罢免要求。

罢免要求应当写明罢免理由。被提出罢免的代表有权在选民会议上提出申辩意见，也可以书面提出申辩意见。

县级的人民代表大会常务委员会应当将罢免要求和被提出罢免的代表的书面申辩意见印发原选区选民。

表决罢免要求，由县级的人民代表大会常务委员会派有关负责人员主持。

第五十一条　县级以上的地方各级人民代表大会举行会议的时候，主席团或者十分之一以上代表联名，可以提出对由该级人民代表大会选出的上一级人民代表大会代表的罢免案。在人民代表大会闭会期间，县级以上的地方各级人民代表大会常务委员会主任会议或者常务委员会五分之一以上组成人员联名，可以向常务委员会提出对由该级人民代表大会选出的上一级人民代表大会代表的罢免案。罢免案应当写明罢免理由。

县级以上的地方各级人民代表大会举行会议的时候，被提出罢免的代表有权在主席团会议和大会全体会议上提出申辩意见，或者书面提出申辩意见，由主席团印发会议。罢免案经会议审议后，由主席团提请全体会议表决。

县级以上的地方各级人民代表大会常务委员会举行会议的时候，被提出罢免的代表有权在主任会议和常务

委员会全体会议上提出申辩意见，或者书面提出申辩意见，由主任会议印发会议。罢免案经会议审议后，由主任会议提请全体会议表决。

第五十二条　罢免代表采用无记名的表决方式。

第五十三条　罢免县级和乡级的人民代表大会代表，须经原选区过半数的选民通过。

罢免由县级以上的地方各级人民代表大会选出的代表，须经各该级人民代表大会过半数的代表通过；在代表大会闭会期间，须经常务委员会组成人员的过半数通过。罢免的决议，须报送上一级人民代表大会常务委员会备案、公告。

第五十四条　县级以上的各级人民代表大会常务委员会组成人员，县级以上的各级人民代表大会专门委员会成员的代表职务被罢免的，其常务委员会组成人员或者专门委员会成员的职务相应撤销，由主席团或者常务委员会予以公告。

乡、民族乡、镇的人民代表大会主席、副主席的代表职务被罢免的，其主席、副主席的职务相应撤销，由主席团予以公告。

第五十五条　全国人民代表大会代表，省、自治区、直辖市、设区的市、自治州的人民代表大会代表，可以向选举他的人民代表大会的常务委员会书面提出辞职。常务委员会接受辞职，须经常务委员会组成人员的过半数通过。接受辞职的决议，须报送上一级人民代表大会常务委员会备案、公告。

县级的人民代表大会代表可以向本级人民代表大会常务委员会书面提出辞职，乡级的人民代表大会代表可以向本级人民代表大会书面提出辞职。县级的人民代表大会常务委员会接受辞职，须经常务委员会组成人员的过半数通过。乡级的人民代表大会接受辞职，须经人民代表大会过半数的代表通过。接受辞职的，应当予以公告。

第五十六条 县级以上的各级人民代表大会常务委员会组成人员，县级以上的各级人民代表大会的专门委员会成员，辞去代表职务的请求被接受的，其常务委员会组成人员、专门委员会成员的职务相应终止，由常务委员会予以公告。

乡、民族乡、镇的人民代表大会主席、副主席，辞去代表职务的请求被接受的，其主席、副主席的职务相应终止，由主席团予以公告。

第五十七条 代表在任期内，因故出缺，由原选区或者原选举单位补选。

地方各级人民代表大会代表在任期内调离或者迁出本行政区域的，其代表资格自行终止，缺额另行补选。

县级以上的地方各级人民代表大会闭会期间，可以由本级人民代表大会常务委员会补选上一级人民代表大会代表。

补选出缺的代表时，代表候选人的名额可以多于应选代表的名额，也可以同应选代表的名额相等。补选的具体办法，由省、自治区、直辖市的人民代表大会常务委员会规定。

对补选产生的代表，依照本法第四十七条的规定进行代表资格审查。

第十一章　对破坏选举的制裁

第五十八条　为保障选民和代表自由行使选举权和被选举权，对有下列行为之一，破坏选举，违反治安管理规定的，依法给予治安管理处罚；构成犯罪的，依法追究刑事责任：

（一）以金钱或者其他财物贿赂选民或者代表，妨害选民和代表自由行使选举权和被选举权的；

（二）以暴力、威胁、欺骗或者其他非法手段妨害选民和代表自由行使选举权和被选举权的；

（三）伪造选举文件、虚报选举票数或者有其他违法行为的；

（四）对于控告、检举选举中违法行为的人，或者对于提出要求罢免代表的人进行压制、报复的。

国家工作人员有前款所列行为的，还应当由监察机关给予政务处分或者由所在机关、单位给予处分。

以本条第一款所列违法行为当选的，其当选无效。

第五十九条　主持选举的机构发现有破坏选举的行

为或者收到对破坏选举行为的举报，应当及时依法调查处理；需要追究法律责任的，及时移送有关机关予以处理。

第十二章　附　　则

第六十条　省、自治区、直辖市的人民代表大会及其常务委员会根据本法可以制定选举实施细则，报全国人民代表大会常务委员会备案。

关于《中华人民共和国全国人民代表大会和地方各级人民代表大会选举法(修正草案)》的说明

——2020年10月13日在第十三届全国人民代表大会常务委员会第二十二次会议上

全国人大常委会法制工作委员会主任　沈春耀

委员长、各位副委员长、秘书长、各位委员：

我受委员长会议委托，作关于《中华人民共和国全国人民代表大会和地方各级人民代表大会选举法(修正草案)》的说明。

一、修改选举法的必要性

选举制度是人民代表大会制度的基础，全国人民代表大会和地方各级人民代表大会选举法（以下简称选举法）是保障公民行使选举权和被选举权，依法产生各级人大代表的重要法律。我国选举法于1953年制定，1979年重新修订，此后于1982年、1986年、1995年、2004年、2010年和2015年进行了六次修改。党的十九届四中全会决定提出，健全人大选举制度，适当增加基层人大代表数量。为贯彻落实党中央的部署要求，需要针对各地基层行政区划撤乡并镇改设街道、基层人大代表数量逐届减少的实际情况，对选举法进行适当修改。

代表名额是选举制度的一项重要内容。1953年选举法曾对地方各级人大代表名额的确定办法作出过具体规定。1979年重新修订选举法时删去了这一内容，规定由省级人大常委会"按照便于召开会议、讨论问题和解决问题，并且使各民族、各地区、各方面都有适当数量的代表的原则自行确定"，并报全国人大常委会备案。由于各省、自治区、直辖市确定代表名额的标准不同，实践中各地的人大代表名额数量很不平衡，地域、人口等情况相近的省、市、县，代表数量相差悬殊。针对这一问题，1995年修改选举法对地方各级人大代表名额采取"基数＋人口代表数"的计算办法作出具体规定，并分别明确了省、市、县、乡四级代表名额的标准，以及人口特多、特少地方的代表名额上、下限。根据现行选举法的规定，省、自治区、直辖市的代表名额基数为350名，省、自治区每15万人可以增加一名代表，直辖市每2.5万人可以增加一名代表，代表总名额不得超过1千名；设区的市、自治州的代表名额基数为240名，每2.5万人可以增加一名代表，人口超过1000万的，代表总名额不得超过650名；不设区的市、市辖区、县、自治县的代表名额基数为120名，每5千人可以增加一名代表，代表总名额不得超过450名，人口不足5万的，代表总名额可以少于120名；乡、民族乡、镇的代表名额基数为40名，每1500人可以增加一名代表，代表总名额不得超过160名，人口不足2000的，代表总名额可以少于40名。选举法还规定，除因行政区划变动或者重大工程建设等原因造成人口较大变动的以外，地方各级人大代表总名额经确定后，不再变动。1996年至1997年，地方各级人大代表名额首次按照这一规定确定。1997年底，我国五级人大代表总数为312.5万名，其中，县级人大代表共57.98万名，乡镇人大代表共242.34万名。

自1997年以来，虽然我国多数地方的人大代表名额没有变化，但我国五级人大代表总数特别是乡镇人大代表数量却呈逐届减少的趋势。2017年底，全国五级人大代表总数为262.32万名，与1997年底比，减少了50.18万名，降幅为16.05%。其中，全国人大代表和省级以及设区的市、自治州人大代表数量基本保持稳定；县级人大代表数量略有上升，由1997年的57.98

万名增加至2017年的59.65万名，增加了1.67万名，增幅为2.88%；乡镇人大代表数量逐渐减少，由1997年的242.34万名减少至2017年的188.15万名，减少了54.19万名，降幅为22.4%。乡镇人大代表数量减少是五级人大代表总数逐届减少的主要原因。

乡镇人大代表数量之所以减少，主要是因为撤乡并镇和乡镇改设街道。据民政部统计，对应换届选举统计年份，全国乡镇数量由1996年底的45227个减少至2016年底的31755个，减少13472个，降幅为29.8%；街道数量同期由5565个增加至8105个。增加的街道多数由镇改设而来；减少的乡镇有一部分是因为乡镇合并，也有一部分是因为改设街道。每撤并一个乡镇，就减少40名代表名额基数，从而造成乡镇人大代表数量大幅减少。

县乡人大是基层国家权力机关，是我国地方国家政权的重要基础，是实现基层民主的有效形式。县乡两级人大代表由选民直接选举产生，约占我国五级人大代表总数的95%，是党和国家联系广大人民群众的桥梁纽带。适当增加基层人大代表数量，有利于更好反映人民意愿、代表人民意志，加强与人民群众联系，充分保障人民当家作主权利；有利于加强地方人大建设，结合地方实际，创造性地做好各项工作；有利于更好地坚持和完善人民代表大会制度，不断健全和发展社会主义民主，有力支撑国家治理体系和治理能力现代化。

二、修改选举法的指导思想、遵循原则和工作过程

修改选举法坚持以习近平新时代中国特色社会主义思想为指导，全面贯彻落实党的十九大和十九届二中、三中、四中全会精神。修改工作遵循的原则：一是贯彻落实习近平总书记关于坚持和完善人民代表大会制度的重要思想，贯彻落实党中央重大决策部署。二是突出重点，此次修改重点是贯彻落实党的十九届四中全会决定要求，增加加强党对选举工作的全面领导的规定，适当增加基层人大代表数量。

修改选举法列入了全国人大常委会 2020 年度立法工作计划。全国人大常委会法制工作委员会于 2019 年底启动选举法修改工作，主要开展了以下工作：一是认真学习领会习近平新时代中国特色社会主义思想特别是习近平总书记关于坚持和完善人民代表大会制度重要思想，学习领会党的十九届四中全会决定精神。二是对 1995 年以来全国历次换届选举地方各级人大代表数量变化情况及其原因作了梳理分析和研究。三是征求各省、自治区、直辖市人大常委会对修改选举法的意见和建议；多次召开网络视频会议，听取部分地方人大常委会法工委、选举联络工委负责同志的意见。四是根据近年来地方行政区划、人口数量和代表名额的变化情况，就适当增加基层人大代表名额的不同方案进行测算；会同有关方面对修法中反映比较集中的问题进行研究、提出修改方案。五是就修改方案征求中央有关部门和各地方人大常委会以及各基层立法联系点的意见。六是到地方进行调研。在此基础上，法制工作委员会拟订了选举法修正草案，委员长会议决定提请本次常委会会议审议。

三、修改选举法的主要内容

（一）关于适当增加县乡两级人大代表数量

贯彻落实党的十九届四中全会决定提出的"适当增加基层人大代表数量"的要求，一方面，需要适当增加乡镇人大代表名额，在一定程度上弥补撤乡并镇后乡镇人大代表数量的减少；另一方面，由于街道不设本级人大代表，只增加乡镇人大代表名额，难以解决乡镇改设街道后原有的乡镇人大代表名额消减的问题，考虑到改设后的街道一般隶属于市辖区、不设区的市等，适当增加市辖区、不设区的市、县、自治县人大代表名额，在分配这些增加的县级人大代表名额时，重点向由乡镇改设的街道倾斜，进一步优化县级人大代表结构，利于有针对性地解决乡镇改设街道后基层群众政治参与度不足的问题。综合考虑各方面意见和实际需要，适当增加县乡两级人大代表名额的基数，将不设区的市、市辖区、县、自治县的人大代表名额基数增加20名，即将选举法第十一条第一款第三项规定的120名提高至140名；将乡、民族乡、镇的人大代表名额基数增加5名，即将选举法第十一条第一款第四项规定的40名提高至45名。同时，对不设区的市、市辖区、县、自治县的代表总名额达到上限所对应的人口数作相应调整。

（二）坚持党对选举工作的领导

根据党中央2019年1月印发的《中共中央关于加强党的政治建设的意见》的精神，在选举法中明确规定坚持党的领导，增加一条规定：全国人民代表大会和地方各级人民代表大会代表的选举工作，坚持中国共产党的领导，坚持充分发扬民主，坚持严格依法办事。

（三）关于修改选举法的其他内容

1. 关于重新确定代表名额的报备。为便于全国和省级人大常委会及时了解和掌握各地因行政区划变动等原因依法重新确定代表名额带来代表名额变动的情况，在选举法第十三条中增加一款规定：依照前款规定重新确定代表名额的，省、自治区、直辖市人大常委会应当在三十日内将重新确定代表名额的情况报全国人大常委会备案。

2. 关于对破坏选举行为追究法律责任。选举法第五十七条对破坏选举行为的法律责任作了规定，其中第二款规定："国家工作人员有前款所列行为的，还应当依法给予行政处分。"为深刻汲取查处湖南衡阳、辽宁贿选案的经验教训，并与监察法、公职人员政务处分法、公务员法的有关规定做好衔接，将这一款修改为：国家工作人员有前款所列行为的，还应当由监察机关给予政务处分或者由所在机关、单位给予处分。

选举法修正草案和以上说明是否妥当，请审议。

全国人民代表大会宪法和法律委员会关于《中华人民共和国全国人民代表大会和地方各级人民代表大会选举法(修正草案)》审议结果的报告

全国人民代表大会常务委员会：

本次常委会会议于10月14日上午对全国人民代表大会和地方各级人民代表大会选举法（修正草案）进行了分组审议。常委会组成人员普遍认为，选举法修正草案贯彻落实党中央决策部署，加强党对选举工作的全面领导，有针对性地增加县乡两级人大代表数量，有利于加强基层政权建设，充分保障人民当家作主权利，更好地坚持和完善人民代表大会制度，推进国家治理体系和治理能力现代化。选举法修正草案在起草过程中广泛征求各方面意见,经过反复研究论证,已经比较成熟,赞成提请本次常委会会议表决通过。同时,一些常委会组成人员和列席会议的同志还提出了一些修改意见和建议。宪法和法律委员会于10月14日下午召开会议,逐条研究了常委会组成人员的审议意见,对修正草案进行了审议。宪法和法律委员会认为,修正草案是可行的。为了做好相关工作,宪法和法律委员会建议在全国人大常委会关于修改选举法的决定中明确:"不设区的市、市辖区、县、自治县、乡、民族乡、镇的人民代表大会的代表名额根据本决定重新确定。"

经研究,建议将本决定的施行时间确定为2020年10月18日。

审议中,有些常委会组成人员还对进一步优化代表结构、保障流动人口选举权利等问题提出了一些意见和建议。考虑到这次修改选举法的重点是贯彻落实党的十九届四中全会决定要求,是个别条文修改,有的问题可以按照以往惯例在县乡人大换届选举工作的文件中予以明确,有的问题还需要进一步研究,建议本次会议对这些问题暂不作修改,由有关方面组织做好相关工作。

宪法和法律委员会已按上述意见提出了全国人民代表大会常务委员会关于修改《中华人民共和国全国人民代表大会和地方各级人民代表大会选举法》的决定(草案建议表决稿),建议本次常委会会议表决通过。

修改决定草案建议表决稿和以上报告是否妥当，请审议。

全国人民代表大会宪法和法律委员会
2020 年 10 月 16 日